토 사장과 초콜릿 공장

일리스 돌런 지음
홍연미 옮김

우리교육

달걀을 낳아 주는 닭들에게
엠마, 엘렌, 새러, 벤치민턴 고마워

2019년 3월 4일 처음 펴냄
2024년 8월 12일 5쇄 펴냄

글·그림 일리스 돌런 | 옮김 홍연미
펴낸이 신명철 | 편집 유정현 | 영업 박철환 | 관리 이춘보 | 디자인 최희윤
펴낸곳 (주)우리교육 | 등록 제 2024-000103호
주소 10403 경기도 고양시 일산동구 정발산로 24
전화 02-3142-6770 | 팩스 02-6488-9615 | 홈페이지 www.urikyoyuk.modoo.at

ISBN 978-89-8040-881-8 77840

*이 책의 내용을 쓰고자 할 때는 저작권자와 출판사의 허락을 받아야 합니다.
*잘못된 책은 바꾸어 드립니다.
*책값은 뒤표지에 있습니다.

MR. BUNNY'S CHOCOLATE FACTORY
Text and illustrations ⓒ Elys Dolan 2017
"MR. BUNNY'S CHOCOLATE FACTORY" was originally published in English in 2017.
This translation is published by arrangement with Oxford University Press.

Korean translation copyright ⓒ 2019 by URIKYOYUK CO., LTD
Korean translation rights arranged with Oxford University Press
though EYA(Eric Yang Agency).

이 책의 한국어판 저작권은 EYA(에릭양 에이전시)를 통한
Oxford University Press 사와의 독점계약으로 (주)우리교육이 소유합니다.

저작권법에 의하여 한국 내에서 보호를 받는 저작물이므로 무단전재 및 복제를 금합니다.
이 도서의 국립중앙도서관 출판시도서목록(CIP)는
서지정보유통지원시스템(http://seoji.nl.go.kr)에서 이용하실 수 있습니다.
(CIP 제어번호:CIP2019006277)

초콜릿 달걀이
어떻게 만들어지는지
궁금하지 않나요?

토 사장은 초콜릿 달걀을 잔뜩 팔아서 점점 부자가 되었어요.

하지만 그래도 만족할 줄을 몰랐어요.

이윽고 에드거는 평소보다 불량 달걀이 훨씬 많다는 것을 알게 되었어요.

닭들이 떠나자 토 사장과 에드거는 곧장 작업장으로 갔어요.

하지만 에드거조차도 토 사장과 오래 일하지는 못했어요.

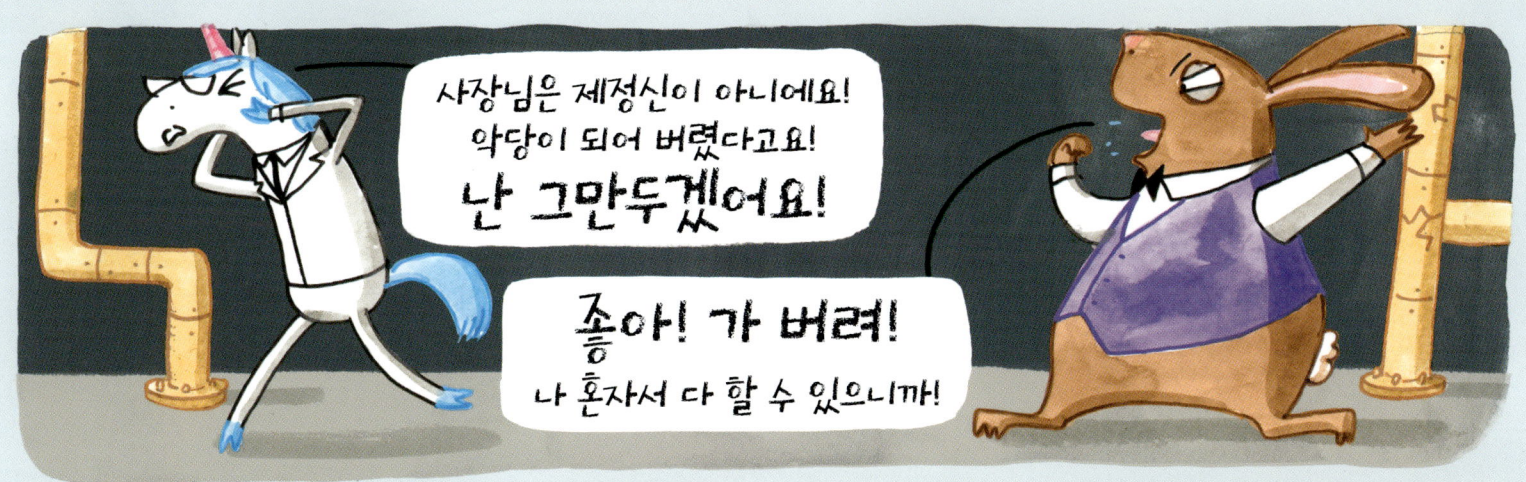

그래서 토 사장은 먹고……

먹고……

또 먹고……

온몸을 쥐어짜오!

……
하지만 속만 울렁거릴 뿐이었어요.

곧 토 사장은
혼자서 공장을 꾸려 나간다는 건
불가능한 일일지도 모른다고
생각하게 되었어요.

토 사장은 몹시 후회스러웠어요.

토 사장은 앞으로 달라지겠다고 단단히 약속했어요.

이제 토 사장의 공장은 행복한 일터가 되었어요.
토 사장의 공장에서는 맛있는 초콜릿과 간식거리들을 잔뜩 만들고 있어요.

바로 '토 사장 초콜릿'이랍니다.
그걸 보면 다시는 악당 토끼 시절로 돌아가면 안 되겠다는 생각이 드니까요.